AF242308

L'ARABE

DEVANT LA COMMISSION SÉNATORIALE

PÉTITION

FAITE PAR UN

GROUPE DE CONSEILLERS MUNICIPAUX

INDIGÈNES

DES COMMUNES

DE OUED-SÉGUIN, GUETTAR-EL-AIECH

AIN-SMARA

CONSTANTINE

IMPRIMERIE GEORGES HEIM

—

1891

QUESTION ALGÉRIENNE

L'ARABE

DEVANT LA COMMISSION SÉNATORIALE

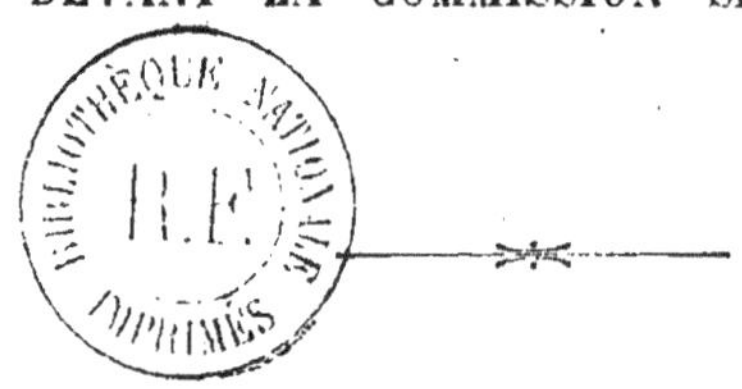

PÉTITION

FAITE PAR UN

GROUPE DE CONSEILLERS MUNICIPAUX

INDIGÈNES

PÉTITION

FAITE PAR UN

GROUPE DE CONSEILLERS MUNICIPAUX

INDIGÈNES

DES COMMUNES

DE OUED-SÉGUIN, GUETTAR-EL-AIECH

AIN-SMARA

CONSTANTINE

IMPRIMERIE GEORGES HEIM

1891

PRÉFACE

Messieurs les Sénateurs,

Permettez, je vous prie, à un modeste conseiller municipal indigène d'élever sa faible voix pour saluer respectueusement votre arrivée dans ce beau pays d'Algérie et de vous souhaiter la bienvenue parmi nous.

Je n'ai pas la prétention de vous faire ici ce que l'on est convenu d'appeler un discours embrassant d'un seul coup ce grand et compliqué problème algérien.

Je ne me crois ni autorisé ni avoir le talent nécessaire pour vous présenter, comme il convient de le faire, avec toute connaissance de cause et dans tous ses détails, cette importante question qui préoccupe à juste titre l'opinion publique en France et particulièrement en Algérie.

Non, Messieurs, un aussi grand problème ne saurait trouver de meilleurs juges que parmi les éminents représentants de cette grande et noble nation française républicaine, en qui mes compatriotes mettent toute leur confiance et de laquelle ils attendent la réalisation de leurs vœux.

C'est en raison de cet espoir et dans l'intérêt des populations indigènes que je prends la respectueuse liberté, Messieurs les Sénateurs, d'attirer votre bienveillante attention sur un petit travail que j'ai préparé dans mes moments de loisir et à la suite d'observations de chaque jour.

Les renseignements véridiques qui constituent ce travail pourront vous intéresser; aussi oserai-je espérer que vous daignerez leur accorder votre indulgence et leur prêter pour quelques instants votre bienveillante attention.

Ce travail est divisé en neuf chapitres principaux, traités séparément et intitulés dans l'ordre suivant :

1er CHAPITRE. Comparaison de l'Arabe à un noyé devant un médecin qui cherche à le sauver.

2º — Causes premières de son malheur.

CHAPITRE I

ÉTAT D'UN NOYÉ DEVANT UN MÉDECIN GÉNÉREUX

ET INDULGENT

Dans cette parabole le noyé désigne l'Arabe, et le médecin les grands amis de l'humanité, les Sénateurs de la République française. Et comment ne pas reconnaître, en effet, un noyé qui s'en va, s'engloutissant au fond de la masse liquide, dans l'état de l'Arabe maltraité, dépouillé de ses terres, appauvri, réduit enfin à la plus noire misère; et un médecin d'une âme grande et généreuse, dans nos vénérables sénateurs qui ont bien voulu avec toute l'attention bienveillante qui les caractérise, étudier la question algérienne, faire jaillir la lumière sur la situation déplorable faite à l'Arabe et présenter enfin, à la métropole étonnée, ce dernier sous son véritable jour sombre, triste, mais réel. Oui, ce malheureux naufragé est là, gisant par terre, évanoui, suffoqué, asphyxié, prêt enfin à rendre le dernier soupir. Et à côté de lui un médecin ému, le cœur serré, s'appitoie sur son sort ; il l'examine, lui tàte le pouls, le regarde et se demande avec inquiétude quel est le remède efficace qu'il convient d'administrer au patient pour mettre ses jours hors de danger. Tout-à-coup un éclair de joie illumine sa face intelligente: il vient d'être fixé. Sur quoi? Sur l'état du malade qu'il reconnaît grave mais dont la guérison est possible.

Le sauvera-t-il ? Le laissera-t-il périr? C'est ce que l'avenir nous apprendra.

CHAPITRE II

Lorsque vous êtes en présence d'un noyé, la première question qui se présente naturellement à votre esprit saisi est évidemment celle-ci : « Comment donc ce malheureux s'est noyé. »

Eh bien, posons-nous la même question ici, demandons-nous quelle fut la cause première de l'état actuel de l'Indigène et cherchons les motifs qui ont fait dévier la France de la ligne de conduite sage et honnête qu'elle s'était engagée de suivre à l'égard du peuple vaincu ; car, il faut le reconnaître, c'est cet écart fatal qui a engendré tout le mal dont souffre l'Algérie musulmane aujourd'hni.

Aux termes de la capitulation d'Alger en 1830, la France victorieuse déclara solennellement qu'elle respecterait la religion, la loi et les mœurs des

Indigènes, qu'elle laisserait à chacun la plénitude de ses droits, qu'elle ne changerait rien, en un mot, à la situation présente au moment de la conquête.

Mais quelques temps après, cette promesse sacrée fut violée par le conquérant qui, foulant aux pieds la foi jurée, commença les expropriations des terres, l'attribution à son profit des biens Habous dont la loi musulmane défend formellement de changer l'affectation et introduisit ainsi, peu à peu, des changements considérables dans cet état de choses qu'il ne devait point toucher. Il invoqua naturellement pour se justifier que ce sont les Arabes qui ont les premiers désobéi aux clauses du traité en restant toujours armés contre le vainqueur et en profitant des moindres circonstances pour se révolter contre sa domination et chercher à la renverser.

Nous ne saurions contester que quelques tribus aient décidé quelquefois de recourir aux armes pour essayer de reconquérir leur indépendance; mais, pour l'amour de Dieu, l'Arabe de l'Est est-il responsable des actions de son coreligionnaire de l'Ouest? Et peut-on déclarer équitable de sévir sur le paisible et pacifique habitant de la Calle, par exemple, lorsqu'une insurrection éclate dans le Sud oranais? Un proverbe arabe dit : On ne suspend pas un mouton par les pieds d'un autre; ce qui veut dire en termes ordinaires : Chacun est personnellement responsable de ses actes.

Du reste, la France grande et civilisatrice qui s'est imposée la mission d'élever l'Arabe, ce grand enfant, manquerait son but si, au lieu de gronder doucement, quoique gravement, son enfant adoptif, elle voulait le traiter en rival, et, comme tel, lui imposer la stricte observation des engagements pris.

Un père, croyons-nous, n'a pas le droit de battre et de renvoyer son enfant parce que celui-ci se sera avisé de manquer à un de ses devoirs de fils.

Donc, en sa qualité de grande nation, venue de l'autre côté de la Méditerranée pour répandre sur ce côté-ci les bienfaits de la civilisation et la lumière du progrès, pour améliorer le sort de l'Arabe algérien et chercher à le relever et le rendre heureux en lui faisant goûter les douceurs des sciences et des arts, la France aurait dû se montrer large, généreuse et clémente. Il ne lui convient pas, surtout elle, auteur de la révolution de 1789, d'invoquer les raisons mesquines citées plus haut pour justifier sa déviation de la conduite que nous attendions d'elle et dont elle n'aurait pas dû se départir un seul instant.

Maîtresse d'un peuple connu par son histoire et par son passé, son rôle digne et noble eût été de l'arracher à l'ignorance dangereuse qu'une main invisible semble avoir plantée chez lui, d'aider à son relèvement moral, d'atténuer ses misères et ses souffrances, de se l'attirer enfin par la bienveillance et la douceur.

A la conquête à main armée devait succéder immédiatement une conquête morale et intellectuelle.

C'est ce qu'on n'a pas fait. Mais bien mieux, on a découragé et abattu l'Arabe par un système répressif, dur et implacable, qu'on n'a cessé de lui appliquer depuis son entrée sous la domination française. Telle est, en résumé l'origine du mal dont nous souffrons cruellement aujourd'hui.

CHAPITRE III

Le 22 avril 1863, Sa Majesté Napoléon III fit voter
la loi sur la propriété en Algérie. Le Sénatus-Con-
sulte eut pour but de [délimiter les tribus et les
douars entre eux et de les déclarer propriétaires des
immeubles renfermés dans leurs périmètres respec-
tifs. Aussitôt des commissions furent constituées et
des opérations entreprises, terminées et en partie
sanctionnées.

Ce premier travail devait être complété plus tard
par les opérations prescrites par la loi du 26 juillet
1873 qui, faisant disparaître tous droits douteux et
enlevant à la propriété son caractère jusque là trop
précaire, assure à l'Arabe un droit positif, immua-
ble, sacré.

Mais cette loi si nécessaire et si utile aux indigènes ne leur est pas moins désastreuse daus son
application.

Ayant pour base la jouissance effective, elle raye du cadre des propriétaires tous ceux qui ne jouissent pas effectivement ou qui ne tirent pas d'une façon quelconque profit des biens revendiqués.

D'où la conséquence :

1° Que celui qui quitte sa tribu pour aller chercher fortune dans une autre perd son droit de propriété par le seul fait de son émigration.

2° Que l'héritier étranger au douar est exclus de l'hérédité des biens immeubles de ses parents lesquels sont partagés entre les membres de la tribu du défunt ou réunis au domaine de l'État.

3° Que les femmes ne sauraient concourir à la succession immobilière de leurs conjoints ou de leurs parents.

C'est par application de cette loi qu'une grande quantité de terres provenant des indigènes qui avaient quitté leur pays en 1867, année de la famine, pour se rendre dans les régions moins éprouvées par la faim, furent attribuées à l'État, qui s'en servit pour compenser d'autres indigènes expropriés ailleurs.

De plus, les commissaires enquêteurs chargés de constituer ou de constater la propriété individuelle, se disent munis d'un texte de loi qui leur confère le droit absolu de trancher à leur guise les différends entre Arabes, et de prendre surtout des conclusions toujours conformes aux intérêts administratifs.

Il suit de là que ces fonctionnaires, soucieux des intérêts de l'État qu'ils représentent, jouent souvent le rôle de l'arbitre de la fable : ils prennent pour frais du jugement le terrain litigieux qu'ils inscrivent au nom du Domaine et contentent les prétendants en les faisant figurer comme simples revendiquants.

Nous déclarons en passant que les commissaires-enquêteurs font un usage abusif de ce droit *qu'ils exercent* alors même que la discussion est insignifiante.

Les terrains boisés sont déclarés *in petto* biens domaniaux, et les grands espaces, en matière de broussailles, mais semés çà et là par des parcelles labourables, sont classés biens communaux malgré les protestations et les cris désespérés des propriétaires de ces enclaves. Ces derniers sont mis en adjudication et loués au profit de la commune.

Mais quel est l'Arabe assez audacieux pour oser prendre part à ces luttes acharnées engagées entre commerçants européens riches qui voient dans la location dont il s'agit, un moyen de spéculation sûr, légal, mais bas et malhonnête.

On se figurerait aisément la situation du pauvre indigène, planté là, acculé, serré entre les biens domaniaux et les communaux, et livré, d'un côté, à la malveillance du garde-champêtre et des gardes-forestiers qui le tuent par leurs procès-verbaux, et d'un autre, à la rapacité inassouvie du locataire qui a juré sa ruine.

Un grand nombre de pères de famille ont eu la douleur de voir ainsi disparaître leur fortune et — O horreur, ô justice humaine — on a vu quelques-nus faire sacrifice de leurs terres pour se soustraire à ces oppressions dont ils étaient tourmenté tous les jours.

La loi de 1873 n'est pas la seule qui soit, ainsi que nous venons de le faire voir, contre les intérêts de l'indigène ; toutes les lois relatives à l'Algérie, on peut le dire, visent le même but.

Pourquoi, par exemple, celle du 30 septembre 1878, nous prive du droit d'acquérir les biens domaniaux qui ne sont en réalité que nos anciennes terres, alors qu'elle permet l'acquisition des biens susdits à l'Espagnol, à l'Italien, au Maltais et à tout Européen en général ?

Quels sont donc les sentiments qui ont édicté ces cruelles dispositions ? Où trouver là la trace de cet esprit sage, bienveillant et généreux qu'on se plait à reconnaître à la France ?

L'usure tolérée et même protégée par l'Administration entre pour une large part dans la série des maux qui dévastent l'élément indigène ; elle est pratiquée sur une grande échelle par les enfants d'Israël qui, on le sait, ne reculent devant aucune bassesse et à qui malheureusement les Arabes ont toujours recours dans leurs moments de gêne.

C'est donc pour cause que le Juif se trouve aujourd'hui détenteur d'une quantité considérable de terres qu'il ne laboure pas, labourer n'étant pas sa vocation, mais qu'il loue certainement à des prix surpassant les prix d'acquisition. Il a, par conséquent, complété les lacunes des procédés administratifs et les rares terres arabes qui ont pu échapper à l'expropriation et au séquestre sont tombées sous le coup fatal de l'usure.

Aussi, pouvons-nous affirmer qu'il existe des régions où l'on peut aller d'une ville à une autre sans qu'aucune propriété indigène vienne s'offrir à vos yeux.

Ne nous demandez pas, ô lecteur, les causes du transfert de toutes ces terres naguère encore entre les mains des Arabes et passées toutes aujourd'hui entre des mains étrangères.

Qu'est-ce qu'il y a d'étonnant à ce qu'il en soit ainsi, étant donné tout ce que nous avons exposé jusqu'ici !

Mais l'Arabe en passant près de ces terres, de ces endroits où il a vu le jour, où il a vu naître et grandir ses enfants, où peut-être reposent encore les restes d'une mère chérie, d'un père tendre ou d'un aïeul vénéré, l'Arabe, disons-nous, se sent ému, un chagrin intérieur l'étouffe et des larmes lui baignent les yeux. Il sent sourdre au fond de son cœur une colère formidable, sa tête bouleversée s'emplit de projets noirs, il déraisonne, il est anéanti ; mais peu à peu les idées fatalistes dont il est imbu reprennent le dessus, il recouvre sa raison et, attribuant tout à la volonté divine, il se résigne philosophiquement au sort qui lui est fait.

Une source d'où coule encore un mal terrible et irrémédiable pour les indigènes, c'est le feu. Oui, ce feu qu'on accuse si complaisamment les Arabes de mettre et de répandre partout, ce fléau qui tous les ans vient dévaster nos richesses forestières, dé- truit, à notre avis, plus l'Arabe que le bois.

Et pour peu qu'on raisonne sainement les choses, qu'on soit logique et conséquent, qu'on ait enfin un brin d'humanité dans le cœur, peut-on sérieuse- ment admettre et surtout soutenir que le feu soit

réellement le résultat de la malveillance arabe?
Peut-on consciencieusement accuser l'indigène d'être
l'auteur volontaire de ce crime, alors qu'il sait toutes
les conséquences désastreuses qu'il aurait à supporter lui et les siens?

Les causes donnant naissance à l'incendie sont
nombreuses et nous n'avons pas à les discuter ici ;
mais ce qu'il y a de certain, c'est que l'Administration évite plus que nous la discussion à ce sujet, et,
loin de chercher à établir honnêtement les respon-
bilités de chacun pour pouvoir sévir en justes con-
naissances de causes, elle se contente d'appliquer
purement et simplement le séquestre sur la tribu
où le feu a paru, laissant naturellement à cette dernière la faculté de se racheter dans la suite.

Là encore, l'État est armé contre l'indigène d'une
loi qu'il a fait fabriquer pour les besoins de la cir-
constance. Nous voulons parler de la loi de 1881 sur
la responsabilité collective des indigènes dont nous
dirons deux mots à la fin de ce chapitre.

Comment se rachète-t-on des effets du séquestre ?

Il est accordé, par exemple, à la tribu sequestrée
un délai de cinq ans pour se racheter. Les indigènes qui payent régulièrement tous les ans la soulte
de rachat qui leur a été imposée, reprennent à l'ex-
piration de ce délai la propriété de tous leurs biens
meubles et immeubles, ces derniers cependant di-
minués d'un cinquième que l'État se réserve pour
ses besoins personnels. Ceux qui ne payent pas du
tout ou qui ont négligé seulement de payer une ou
deux annuités perdent leurs terrains qui sont défi-
nitivement réunis au domaine de l'État. Mais le se-

questre étant apposé collectivement sur la tribu, celle-ci paye en totalité la soulte de rachat à l'État qui cependant maintient dans son domaine les parcelles séquestrées.

Pour se libérer complétement de ses charges, la Djema de la tribu décide dans une réunion solennelle de faire vendre à l'un ses moutons, à l'autre ses bœufs, à celui-ci une jument, à celui-là un mulet ; ramasse le produit de ces ventes ; s'impose d'autres sacrifices et arrive enfin à force d'avoir écorché et mutilé les habitants à payer la terrible soulte et à obtenir la main-levee du séquestre. Mais, comme nous le disions plus haut, le paiement effectué par les soins de la collectivité des membres de la tribu n'entraîne pas une main-levée générale ; de sorte qu'alors même où la tribu est collectivement libérée ses membres demeurent individuellement et nominativement séquestrés.

Comme on le voit, la fameuse loi de 1881 ne trouve son application que lorsqu'il s'agit de frapper l'indigène et qu'elle n'existe pas dès que ce dernier doit en bénéficier.

En résumé, le séquestre, comme nous venons de le démontrer, ruine les Arabes à deux points de vue : tout en leur enlevant leurs terres, il s'attaque à leurs richesses mobilières. Et la cause de ce résultat funeste, s'il vous plaît ? C'est le feu. Et l'on trouve assez de courage pour accuser l'Arabe d'être l'auteur de ce forfait ! Allons, franchement ! Nous aurions bien désiré donner ici quelques détails sur les opérations de liquidation de séquestre, malheureusement nous n'avons pas, à notre grand regret, les éléments nécessaires pour pouvoir présenter à ce sujet un travail intéressant; l'accès des archives administratives nous étant interdit. MM. les membres de la Commission d'étude pourront se rendre compte par eux-mêmes des procédés arbitraires, iniques employés à l'égard de nos coréligionnaires tombés sous le coup funeste du séquestre. Ce que nous pouvons affirmer d'ors et déjà, c'est que toutes les tribus ou douars qui se sont vu appliquer la terrible mesure n'ont jamais pu se relever de ses désastres et, semblables à ces magnifiques champs de blé sur lesquels un violent orage s'est abattu, ils sont restés rasés, foudroyés, morts.

Nous avons promis de revenir ici sur la loi de 1881.

Cette loi, comme celle relative à l'indigénat, dont nous avons fait un chapitre spécial, fait révolter les esprits les plus modérés, les plus calmes, et l'on est à se demander si réellement il est existé des hommes en plein dix-neuvième siècle qui aient pu en conscience voter de pareilles monstruosités. La bonne foi de nos philanthropes de France a sans doute été surprise par la représentation algérienne, ennemie jurée de l'indigène, et, de même que Crémieux avait arraché à la Chambre bouleversée au lendemain des désastres de 1870 le vote du décret de naturalisation en masse des juifs algériens, nos députés arabophobes ont dû guetter et choisir le moment propice pour présenter et faire voter ces lois d'un ordre purement inique et barbare.

Nous le répétons, il ne nous est pas venu à l'idée un seul instant d'accuser les députés de la métropole d'être les promoteurs de ces dispositions empreintes de despotisme odieux et de haine mal déguisée ; nous connaissons trop leurs sentiments généreux et élevés pour que pareille supposition ait pu germer tant soit peu dans notre esprit.

Nous ne voulons pas, et pour cause, nous épancher ici et reprocher aux représentants algériens la haine trop manifeste qu'ils professent à notre endroit ; nous regrettons seulement qu'ils n'aient pas su unir dans la même pensée nos intérêts à ceux des colons nos voisins, dire d'une façon égale et impartiale la vérité sur la situation faite à chacune des parties et tenter une conciliation dans l'intérêt commun.

Nous leur pardonnons même leur façon d'agir à notre égard, qui est, comme on le sait, de nous abandonner complètement dans les discussions relatives à l'Algérie ou, pour parler de nous, de nous dénigrer et nous présenter comme des êtres ingrats, insoumis, toujours prêts à la révolte, réfractaires aux idées du progrès, incapables de faire ou de comprendre une bonne action, des êtres, enfin, dont on ne peut rien faire et qu'il faut exterminer ou négliger.

Nous savons, et nous prions les Français de la métropole de le croire, que haïr l'Arabe et travailler à sa disparition sont deux conditions essentielles exigées de tout candidat à la députation algérienne. C'est pourquoi nous ne récriminons point sur leur conduite vis-à-vis de nous ; ils ne font en somme que leur devoir et ils sont obligés de rendre compte un jour ou l'autre de leur mandat.

CHAPITRE IV

Nous ne voulons pas parler ici de la manière dont sont établis les écrasants impôts arabes, les explications fournies à ce sujet par M. Pauliat à la tribune du Sénat sont plus que suffisantes pour donner une idée de ces lourdes charges imposées à la population indigène.

Ce que nous voulons faire connaître ici, c'est le mode de perception employé.

Un Arabe ne paye-t-il pas dans les délais voulus? Aussitôt il voit arriver chez lui l'homme aux assignations qui le contraint de décamper vite et de prendre la route du village avec ce qu'il appelle cyniquement toute sa smala.

Le pauvre Arabe, conduisant tous ses troupeaux, sa femme à ses côtés, escorté de l'huissier et de quelques gendarmes, s'en va tristement, tête baissée

au village là-bas, derrière la montagne, où il n'ignore
point le sort qui lui est réservé. Immédiatement
arrivé, l'huissier procède à la vente de la caravane
et si le produit de cette opération couvre le montant
de l'impôt et les frais sansnombre des formalités de
transport et d'autres, le patient et sa femme sont
renvoyés sains et saufs avec tous les égards dûs à
leur rang.

Mais, si par malheur, le résultat de la vente ne
satisfait pas à ces exigences, l'homme est renvoyé,
tandis que la femme est retenue en prison pour
garantir le paiement du reste.

On devinera facilement que ce dépôt précieux
et sacré ne saurait rester longtemps dans ce lieu
profane, l'Arabe s'offrant à supporter toute humiliation et à accepter toutes conditions pour le retirer.
Aussi a-t-on vu des malheureux se trouvant dans
ce cas aller jusqu'à emprunter 5 francs pour 20 fr.

Un autre mode est celui-ci : Un Arabe se présente
pour acquitter, par exemple, une taxe de 75 francs.
Confiant dans l'honnêteté du receveur, il lui remet
le billet de 100 francs dont il est porteur ; mais
celui-ci au lieu de lui rendre les 25 francs restant
se contente de lui dire : « Retire-toi là-bas et attends. »
Si dans la suite un autre indigène s'apprête a
acquitter une redevance de 50 francs, mais qu'il ne
se trouve avoir que 25 francs, le receveur lui donne
un reçu en règle de 50 francs, et se retournant vers
le premier Arabe, il lui tient le propos suivant :
« Les 25 francs qui te restaient dus sur le billet de
100 francs que tu m'as remis tout à l'heure ont
servi à remplacer les 25 francs qui manquaient à

celui-ci, il est donc ton débiteur de 25 francs ; tu les lui réclameras.

L'Arabe proteste, dit qu'il n'a aucune relation avec l'individu en question, qu'il ne le connait même pas, qu'il n'est pas de sa méchta, il crie, rage, blasphème. Peine inutile ! Force lui reste de passer par là.

Les receveurs sont-ils responsables, en vérité, de ces actes inqualifiables ? Ils ne croient pas l'être ; ils se disent des agents chargés de faire rentrer l'argent dû à l'État, et, pourvu qu'ils arrivent au but, ils s'inquiètent fort peu de la valeur des moyens employés.

Nous signalons, en terminant ce chapitre, que l'indigène n'est jamais cru dans ses déclarations et qu'il est toujours, et sans exception, porté pour avoir plus de biens qu'il n'en a en réalité.

Ainsi, déclare-t-il avoir 50 moutons? Il est inscrit pour 70. Avoue-t-il posséder 20 bœufs? On lui porte 30, et ainsi de suite pour toutes les autres espèces, proportionnellement à l'importance *des animaux*.

Un répartiteur—qu'il nous soit permis de ne pas en citer le nom — a adopté pour principe de multiplier toujours par deux le nombre d'animaux déclaré par l'Arabe.

Étant donné ce qui précède, on peut se former facilement une idée de ce qui doit se passer à l'égard de l'indigène dans les autres branches administratives.

CHAPITRE V

Nous avons toujours applaudi à ces articles fougueux des journaux français lorsque, constatant l'existence d'une vexation sur les Alsaciens-Lorrains, ils donnent libre cours à leur colère légitime et traitent la barbarie allemande avec cette force, cette impétuosité qu'inspirent seul l'amour-propre froissé, l'esprit justement révolté.

Nous avons admiré ces paroles chaudes, vibrantes, sortant du fond du cœur, empreintes de la plus franche colère et sentant le plus pur patriotisme.

Nous avons envié le sort de ces braves Alsaciens-Lorrains, non pas pour être sous la domination allemande, Dieu nous en préserve ! mais pour être comme eux défendus, soutenus, rassurés. Oh ! comme ils doivent être heureux et fiers, quoique subjugués, à l'idée de savoir que là, à côté d'eux, à l'Ouest, plus de 30 millions de cœurs pensent à eux, sont avec eux, les plaignent, les pleurent.

Oui, c'est avec un orgueil légitime qu'ils doivent tourner leurs regards vers cette France, leur mère, qui, de loin, leur tend ses bras protecteurs, les rassure par ses paroles fortifiantes, veille sur eux et travaille activement à leur délivrance.

Tel n'est pas, hélas! le cas de l'indigène algérien, abandonné, délaissé, perdu, sans autre soutien que sa résignation fataliste.

Tous les fonctionnaires, du plus humble au plus important, le détestent et le méprisent, et le particulier et le colon, suivant en cela l'exemple administratif, manifestent les mêmes sentiments à son endroit.

Ignorant, il souffre physiquement des coups de pied et des coups de canne dont on est si prodigue à son égard. Instruit, il souffre moralement en étant témoin de ces brutalités exercées journellement sur ses corréligionnaires et en constatant l'existence de cette irrégularité révoltante.

La loi sur l'indigénat le met à la portée de tout le monde et il suffit à quiconque voudrait la lui appliquer d'être bien en cour près de l'Administration.

Celui-ci la lui applique non pas conformément aux prescriptions du législateur, mais, suivant sa propre fantaisie, c'est-à-dire en le laissant écroué pendant 15 et 20 jours et en le privant du pain que la loi accorde de plein droit à tout prisonnier, fût-il reconnu assassin.

Aussi, a-ton vu des femmes arabes faire jusqu'à

15 kilomètres à pied pour apporter le pain quotidien à leur mari infortuné.

On fait de cette loi un abus excessif, ridicule, dépassant tout ce que l'on peut imaginer et ne trouvant ss raison justificative que dans la jeunesse inconsciente des agents qui en ont seuls le monopole.

Tous ces jeunes gens, naguère des employés consciencieux, convenables, doux et avenants, se transforment, comme par enchantement, dès leur arrivée à la commune mixte.

Là, ils deviennent des princes si. délicats, d'une nature si fragile, d'un goût si difficile, d'un tempérament si acariâtre, d'une humeur si mélancolique, d'un air enfin à la fois triste et joyeux, que le plus grand physionomiste ne pourra rien distinguer dans cette métamorphose si brusque et si générale.

Loin du voisinage dangereux des Européens ; cachés dans un milieu arabe où la nature même de leurs fonctions les met à l'abri des attaques étrangères ; maîtres absolus d'une masse de plus de 50 mille hommes ; entourés de gens qui leur baisent la main et les pieds, leur faisant la cour du matin au soir, voilà ce qui les grise, voilà ce qui est la cause de leur transformation et de la perte de leurs précieuses qualités. Aussi, les avons-nous souvent entendus dire dans leurs moments d'expansion : « *Nous préférons administrer 200 mille Arabes que* « *d'avoir affaire à 25 Européens.* »

Leurs demeures deviennent des palais ; leurs désirs sont des ordres et, quand ils sont en colère, c'est à s'enfuir à cent kilomètres de l'endroit de leur siège.

Malheureusement ces ballons gonflent souvent trop vite et avec peu de chaleur ; alors malheur à l'entourage avant le dégonflement. Tout tremble, un silence de mort pèse sur les courtisans et chacun muet et éperdu craint d'être frappé par la foudre menaçante.

Mais le tonnerre gronde, gronde toujours au désespoir des sujets craintifs qui eussent préféré braver les coups de canon ennemis au lieu d'essuyer ce vacarme incessant.

La tempête atteint son maximum d'intensité le vent souffle violemment, l'éclair brille sans intervalle, le tonnerre redouble ses détonations. Crac ! la foudre tombe.

Après le silence glacial qui suit généralement la décharge finale, on se met à s'assurer des conséquences de l'orage. Oh ! rassurez vous, lecteur, les dégats causés ne sont pas considérables ; il s'agit seulement d'un chaouch renvoyé ou d'un cheikh révoqué.

Nous avons des histoires bizarres à raconter sur le compte de ces rois fainéants qui ne rêvent que chasse, pêche, promenade, et autres parties de plaisirs au lieu de s'occuper utilement des affaires de leurs communes et de chercher par une politique sage et mesurée à améliorer le sort de leurs administrés.

Mais nous estimons préférable de borner là ce chapitre afin de ne pas lasser l'attention de ceux à qui nous avons l'honneur de nous adresser.

CHAPITRE VI

Nos ennemis qui prétendent nous connaître, et par quelle analyse, bon Dieu! ont prêché à qui a voulu les entendre que nous sommes réfractaires aux idées de l'instruction, que notre religion est une entrave constante à notre progrès et que notre Saint-Livre nous défend d'apprendre d'autres sciences que celles qu'il nous enseigne. Et ils ont conclu, en conséquence, que tous les efforts tentés par l'Anminisfration pour nous instruire sont restés infructeux et que les écoles spéciales créées dans ce but sont demeurées vides, désertes, sans qu'on ait jamais pu y attirer les jeunes indigènes.

Grossier mensonge et aveugle esprit de parti pris. Nous reconnaissons volontiers que l'Administration s'est imposée d'énormes sacrifices à ce sujet, mais nous affirmons, de même, que les populations arabes ont toujours salué avec joie l'installation d'une école parmi elles. Ces établissements, n'en déplaise à nos adversaires, regorgent d'enfants studieux et intelligents, plus pressés les uns que les autres, convoitant chacun les jolies récompenses promises pour la fin de l'année.

Nos contradicteurs devraient se rappeler que la loi sur l'instruction obligatoire ne date que de l'année 1883, et que les huit ans à peine qui nous séparent de l'époque de son établissement ne sauraient suffir pour permettre à nos jeunes écoliers de devenir des savants. Il y a donc lieu de surseoir au prononcer de leur jugement et d'attendre que le résultat de l'expérience d'un délai convenable leur ait fourni les éléments nécessaires pour pouvoir juger en toute connaissance de cause.

D'ailleurs, nous n'avons pas attendu que nous fussions contraints d'envoyer nos enfants à l'école; déjà bien longtemps avant la promulgation de la loi sur la matière qui nous occupe, les bancs des des écoles communales, des collèges et des lycées avaient usé plus d'une culotte musulmane. L'école de médecine d'Alger a toujours eu son contingent arabe.

Aussi, sommes-nous orgueilleux et fiers de voir parmi nous des médecins capables, des officiers distingués, des interprètes intelligents, des maîtres d'école appréciés et d'autres fonctionnaires tous animés d'un même désir, celui de servir avec dévouement et reconnaissance cette France, leur mère et leur éducatrice.

Nous ne sommes ni ennemis des sciences, ni incapables de les comprendre. Et les Européens qui nous traitent comme tels, ont-ils donc oublié que nous fûmes au moyen-âge les précepteurs et civilisateurs de l'Europe? Ne se rappellent-ils plus que cette dernière nous est entièrement redevable de la lumière qui l'éclaire aujourd'hui, et que c'était dans nos grandes universités qu'elle allait puiser les sciences dont nous avions hérité des Grecs et complétées à notre tour? Ne pouvons-nous pas donc revendiquer à juste titre ce beau droit et nos contradicteurs aveugles sont-ils au moins assez honnêtes pour nous le reconnaître? Ils objecteront sans doute que nous sommes dégénérés; que par une fatalité inconcevable, nous nous sommes laissés vaincre par l'ignorance et envahir par une torpeur odieuse qui nous engourdit et nous rend indifférents à ce qui se passe autour de nous; qu'enfin l'on reconnaîtrait difficilement en nous les descendants de ces fiers et intelligents peuples de l'Arabie qui, en peu de temps, avaient pu soumettre à leur domina-nation plus de la moitié du monde connu.

Ce à quoi nous répondrons qu'il est du génie des peuples comme de toutes les choses de la nature : il est périssable. Et le peuple arabe, en atteignant son apogée, point qui a marqué en même temps la limite de sa grandeur et le commencement de sa décadence, a, dès lors, suivi la trajectoire que la loi naturelle, implacable, avait tracée aux peuples antérieurs et qu'elle réserve à ceux à venir.

Les Européens peuvent-ils prétendre être à l'abri de l'application de cette loi générale et ne pas subir un jour plus ou moins éloigné le sort des Grecs, des Romains et des Arabes? L'histoire nous affirme le contraire.

Nous demandons pardon au lecteur de nous être écarté du sujet de ce chapitre et d'être rentré dans ces considérations historiques et philosophiques. Nous regrettons sincèrement que la discussion nous ait entraînés jusque-là; mais devant les accusations malveillantes et intéressées de nos contradicteurs, nous n'avons pas pu nous empêcher de rappeler ces faits qui, d'un côté, détruisent l'argumentation qui consiste à soutenir que notre Coran ne nous permet pas d'étudier les sciences, et d'un autre, obligent l'Européen orgueilleux de rabattre de son enthou siasme en pensant aux peuples si forts et si savants qui l'ont précédé et dont on trouve à peine la trace aujourd'hui.

Nous avons dit plus haut que nous étions satis- faits du résultat qu'a donné l'instruction parmi nous. Mais, en multipliant les écoles, en prescrivant l'en- seignement de l'arabe au même titre que le français, et en évitant surtout de blesser la susceptibilité des enfants, on arrivera, nous en sommes convaincus, à un résultat meilleur. Nous devons le dire franche- ment, une raison qui a souvent fait hésiter les parents d'envoyer leurs enfants à l'école, c'est qu'ils craignent pour l'esprit faible de leurs enfants un enseignement qui ne leur rappelle ni leur origine, ni leur religion, ni leur nationalité et qui est défec- tueux, en somme, à tous les points de vue.

Ce n'est pas, comme on le voit, ce fanatisme aveugle, dont on veut bien nous traiter, qui est la cause de cette résistance momentanée tant reprochée à nos coréligionnaires et que nous sommes les premiers à condamner ; mais, au contraire, des sentiments grands, élevés et dignes d'un peuple qui se respecte et qui veut rester fidèle à son origine. De tels sentiments ne peuvent choquer l'esprit français le plus libéral de toute l'Europe et le mieux fixé sur la notion de nationalité.

En organisant et facilitant l'enseignement de notre langue, l'Administration fera preuve des idées les plus larges ; elle donnera ainsi satisfaction à l'indigène qui, dès lors, verra tous ses préjugés s'évanouir.

Du reste, il serait d'une bonne politique de donner à cette langue si belle, si riche, si expressive, parlée sur une bonne partie de la surface du globe, tous les développements nécessaires que comporte son enseignement.

Et qu'on ne nous traite pas d'ennemis de la France parce que nous préconisons ici le système de l'étude de l'arabe ; qu'on ne s'écrie pas, de grâce, comme l'a fait un jour l'ancien gouverneur général de l'Algérie, M. Tirman : « Oui, l'ennemi de la France c'est, non pas l'Arabe de la tente resté étranger à nos mœurs, c'est celui de la ville que nous avons instruit et élevé à notre rang. »

Nous respectons ces paroles en nous abstenant de tout commentaire.

CHAPITRE VII

DE LA JUSTICE MUSULMANE

Ainsi que nous l'avons dit au commencement de cet exposé, la France, aux termes de la capitulation d'Alger, en 1830, s'était engagé de respecter la religion, la loi et les mœurs des musulmans algériens.

La religion, reconnaissons-le, fonctionne absolument comme par le passé ; aucune atteinte n'y a été portée, et, disons-le à l'honneur des héritiers des grands principes de 1789, elle est, non-seulement tolérée et respectée, mais encore, il est pourvu généreusement et convenablement à son assiette et à son entretien.

Malheureusement, il n'en est pas de même de la justice. Celle-ci a subi des modifications importantes et des pertes sérieuses. De temps à autre, en effet, un décret ou une ordonnance venait arracher à nos cadis quelques pouvoirs pour les concéder aux juges de paix, afin d'étendre le plus possible le domaine judiciaire de ces derniers.

Il serait fastidieux de donner ici la nomenclature des lois, décrets et ordonnances relatifs et qui se sont succédés en Algérie, depuis la conquête jusqu'à nos jours. Toujours est-il que le cercle où se mouvait la justice musulmane devenait de plus en plus étroit et tendait visiblement à se réduire en un point, sa limite minimum.

En vain, nos magistrats musulmans, effrayés de ce retrécissement sensible, se sont appliqués à montrer du zèle et de l'intelligence, en vain, se sont-ils consacrés d'une façon complète à l'étude et à l'expédition des affaires soumises à leur juridiction, Précautions inutiles, au moment même où ils espéraient avec la population indigène tout entière un retour sur les précédentes dispositions, un décret, celui du 10 septembre 1886, est venu paralyser complètement leur action juridique et transformer leur qualité de magistrat en celle de simple officier ministériel.

Notre justice est ainsi passée peu à peu des mains des cadis à celles des juges de paix.

Il est résulté de ce nouvel état de choses un préjudice grave pour les intérêts de nos correligionnaires et un mal que nous ne saurions démontrer qu'en reproduisant ici un passage d'une pétition, en date du 10 juillet 1887, que nos compatriotes de Constantine ont adressée au Parlement au sujet de la proposition de loi présentée par MM. Michelin et Gaulier, et tendant à la naturalisation en masse des indigènes.

« Et nous, de notre côté, nous obtiendrons par ce moyen la cessation des inconvénients dont nous souffrons et notamment de ceux qui résultent de l'application du décret sur la justice musulmane du 10 septembre 1886.

« En effet, depuis l'exécution de ce décret, bien qu'ayant la conviction qu'il est en opposition avec toutes nos aspirations, nous n'avons fait aucune réclamation contre lui, car nous avons voulu que son application, pendant quelque temps, démontrât aux autorités judiciaires les inconvénients qui en résultent et dont les musulmans supportent le poids, et que ces autorités acquissent par elles-même la certitude de ce que ce décret est mauvais à tous les points de vue.

« Un fait qui prouvera que ce décret est préjudiciable aux indigènes dans les régions de l'Algérie, c'est que, lors du voyage de messieurs les Ministres avec monsieur le Gouverneur général dans le mois d'avril dernier, plusieurs de nos représentants, membres des corps élus, et un grand nombre de gens des trois provinces se sont mis en devoir de déposer entre leurs mains des plaintes dans lesquelles ils leur exposaient leurs griefs, dont trois principaux :

« 1° L'humiliation qu'ils ont ressentie de l'application de cette loi, dont l'essence est la suppression même de parties essentielles de la loi musulmane, en enlevant à ses juges naturels le droit de statuer sur les questions qui ne se rapportent pas au statut personnel (questions civiles, mobilières et immobilières), pour en charger les juges de paix ;

« 2° Les retards et atermoiements qu'ils éprou-
vent pour faire trancher leurs différends par les
juges de paix, en raison du petit nombre de ceux-ci,
et parce qu'ils ne tiennent leurs audiences spéciales
qu'une fois par jour et ont à s'occuper, en outre,
d'un grand nombre d'autres soins. Il en résulte que
bien des personnes renoncent à entamer des procès
et préfèrent abandonner leurs intérêts pécuniaires.
Cela se présente surtout pour ces litiges qui néces-
sitent une solution immédiate, tels que ceux qui
naissent sur les marchés ; et les gens se résignent à
cette extrémité pour éviter les retards et les frais.
En effet, la plupart des procès, entre musulmans,
portent sur des choses de peu de valeur, et si l'on
faisait une statistique du nombre de jugements
rendus pendant une même durée par les cadis pour
les affaires musulmanes, l'on constaterait que les
intérêts pécuniaires des gens sont compromis et que
leurs demandes tendant à se faire rendre justice
vont en diminuant ;

« 3' Les frais de justice qui pèsent lourdement
sur les gens, car leurs procès sont nombreux et la
plupart pour des affaires sans importance, qui, au-
tois, étaient tranchées par les cadis, sans aucun
frais. Il serait donc équitable que les actions com-
merciales et mobilières et toutes autres, restassent
confiées à la juridiction des cadis, dans l'intérêt
même des justiciables, pour faciliter les solutions
et diminuer les frais ; autrement dit, pour obtenir
simplification, célérité et économie.

MM. les Ministres nous ont promis qu'ils ne per-
draient pas de vue nos réclamations, qu'au contraire,

ils s'en occuperaient et écarteraient de nous le préjudice dont nous souffrons.

« Nous venons aujourd'hui renouveler auprès de vous nos doléances et prier vos Seigneuries élevées et le Gouvernement de nous regarder avec bonté, vous suppliant de rappeler le décret du 10 septembre 1886 et de rétablir l'organisation de la justice musulmane dans les conditions où elle fonctionnait auparavant, c'est-à-dire, selon les dispositions du décret du mois de décembre 1866.

« Et, si l'on ne peut obtenir l'annulation complète dudit décret, qu'on veuille bien en réviser les détails et faire cesser les ennuis que nous éprouvons de son application.

« Nous demandons, tout d'abord, que les plaideurs aient le droit de choisir la juridiction qui doit trancher leur procès: cadi ou juge français, si, toutefois, ils peuvent se mettre d'accord pour cela, et que, s'ils ne s'entendent pas, le choix appartienne au demandeur. Cette latitude sera conforme aux principes de la liberté dont chacun doit jouir et aux principes du droit, En effet, personne n'ignore que l'acceptation formelle par les parties d'une juridiction ou d'un arbitre quelconque, en lui attribuant des pouvoirs sans restriction, n'est pas contraire aux règles légales.

« Nous demandons ensuite que la connaissance des litiges portant sur des valeurs de 50 à 100 francs soit laissée aux cadis, afin de réduire le plus possible les frais qu'ils entraînent et d'en rendre la solution plus rapide, notamment, pour les questions où il est nécessaire de trancher sommairement une

contestation survenue, par exemple, entre des gens
se trouvant sur un même marché, venant de loin
pour y assister et devant disparaître aussitôt après
sa fermeture, le même jour.

« Nous demandons, enfin, que la connaissance
des contestations relatives aux choses de l'agricul-
ture soit rendue aux cadis, car elles doivent, presque
toujours, être tranchées en se basant sur les usages
qui varient suivant les localités, les habitudes et les
conditions des diverses régions algériennes. On
peut rapprocher cela de l'institution des conseils de
prud'hommes, qui sont des tribunaux spéciaux chez
les Français, et dont les décisions s'écartent quelquefois des principes des codes.

« Voilà l'exposé des vœux et des doléances que
nous présentons à vos généreuses Seigneuries, per-
suadés que vous voudrez bien les accueillir, et
ensuite, prendre des mesures pour améliorer notre
situation et écarter de nous le préjudice dont nous
souffrons. »

Nous nous associons de toutes nos forces aux
vœux présentés par nos amis de Constantine, et
nous espérons que le gouvernement français ne tar-
dera pas à mettre fin à nos doléances en nous res-
tituant notre justice, car elle repose sur notre loi
religieuse et elle est la seule qui puisse répondre à
l'état de pauvreté où se trouvent actuellement les
Arabes à la suite des opérations désastreuses qu'ils
ont subies et que nous avons relatées dans le
chapitre III.

CHAPITRE VIII

DE L'ÉLECTORAT

Il est indéniable que la cause de la situation grave et critique qui nous est faite aujourd'hui est le mode vicieux dont nous sommes représentés aux seins des assemblées algériennes.

Aux conseils généraux, nous sommes absolument à la merci de l'Administration, car les six assesseurs qui nous représentent là, tous Aghas ou Caïds, choisis *ad hoc*, se garderaient bien de s'opposer aux projets présentés, si préjudiciables qu'ils soient à nos intérêts et, d'un commun accord, sans se rendre même compte de l'importance des questions, ils votent avec le Gouvernement qui, au préalable, leur avait fait connaître son opinion. Liés] comme ils sont par l'intérêt de leurs fonctions, ils n'ont aucune liberté d'action et ils intéressent plutôt le Conseil par leur mise coquette et recherchée, par la blan-

cheur excessive de leurs burnous qui contraste si
bien avec les redingotes noires qui les entourent, par,
dirons-nous, ce coup d'œil quasi féérique qu'ils
donnent à la salle des séances, que par les éclaircis-
sements et les argumentations qu'ils apportent dans
la discussion des affaires. Notre représentation aux
assemblées départementales est donc une sinécure,
une plaisanterie et en même temps une scandaleuse
violation des principes électoraux, car ces assesseurs
qui obéissent sans murmurer à l'Administration qui
les nomme, servent quelquefois de moyen à cette
dernière pour falsifier la volonté des Conseillers élus.

Par contre, nos conseillers municipaux, issus du
suffrage universel, disposent de leur liberté complète
et, sans crainte d'être détrônés, avec cette assu-
rance du mandataire du peuple, ils discutent et
défendent nos intérêts. Mais là, on n'a pas négligé
le soin de les mettre en minorité pour les réduire
à l'impuissance et paralyser leur action. Aussi,
chaque fois qu'ils ont tenté une demande dans l'intérêt de leurs électeurs, ont-ils rencontré cette résistance effrenée que les conseillers européens, profitant de leur nombre, leur opposent toujours systé-
matiquement.

Alors, écrasés par une majorité imposante, déci-
dée à l'avance de suivre une direction opposée à
la leur, ayant conscience de leur faiblesse et du peu
d'importance qu'ils ont dans l'assemblée, ne se faisant aucune illusion sur l'issue du combat entre
deux forces si inégales ; nos conseillers finissent par
se désintéresser de ces batailles où ils ont souvent
lutté en désespérés, et, battant en retraite, abandon-

nent camp et matériel à leurs adversaires victo-
rieux.

Beaucoup d'entre eux, en effet, s'abstiennent vo-
lontairement d'assister aux séances des conseils par
les seules raisons que nous venons d'indiquer. La
preuve que nous avons de l'importance plus que
médiocre attribuée à nos mandataires municipaux,
c'est leur privation du droit de participer à l'élec-
tion du Maire.

On sent combien cette restriction apportée à leurs
droits de conseiller leur est préjudiciable et combien ils doivent être blessés de se voir ainsi privés
d'une des meilleures prérogatives de l'élu du peuple.
Nous ne saurions le répéter, on ne trouve dans toutes
ces lois d'exception, spéciales à l'Algérie, qu'humiliation de l'indigène et opposition systématique à
ses intérêts.

Mais, quoique nulle aux conseils généraux, im-
puissante aux conseils municipaux, notre représentation existe au moins, dans la forme, tandis qu'elle
nous fait complétement défaut au conseil supérieur
du gouvernement, à la Chambre et au Sénat.

Il ne faut pas se le dissimuler et, contrairement à
l'opinion émise par nos adversaires, qui ne pensent
pas un mot de ce qu'ils écrivent, nous affirmons
qu'il y a deux intérêts en présence et tellement
incompatibles qu'il est impossible de favoriser l'un
sans porter atteinte à l'existence de l'autre. Donc,
de deux choses l'une : ou reconnaître à l'indigène
ses intérêts et lui donner les moyens nécessaires
pour les défendre, ou faire lettre morte de ses réclamations et agir en conquérant.

Nous avons peine à admettre cette dernière hypothèse ; la France républicaine dont la devise est : « Liberté, Egalité, Fraternité » ne saurait agir en conquérant barbare et méconnaître les droits du peuple vaincu. Non, cela ne peut pas être, cela est impossible.

Avant de terminer ce chapitre, il nous semble utile de rappeler ici la constitution du jury, cette belle institution, une des grandes conquêtes de l'esprit humain.

Le jury algérien, on le sait, comme le jury en France, est exclusivement composé de citoyens français ; c'est-à-dire que les indigènes n'y figurent pas.

Or, si l'on se reporte au principe posé que chacun doit être jugé par ses pairs, pourra-t-on affirmer que, tel qu'il fonctionne en Algérie, le jury répond à l'esprit de ce principe ?

Il ne serait pas téméraire, en effet, de penser qu'il peut se trouver quelquefois des colons ayant des raisons pour en vouloir aux arabes et qui, pour se donner satisfaction, se vengent sur l'accusé en l'envoyant périr dans quelque coin perdu dans l'immensité du globe.

Il n'est certes pas équitable de faire juger les indigènes par ceux-là même qui en sont gênés et qui ne demandent rien mieux que de les voir disparaître.

Le principe même qui a présidé à l'institution du jury souffre, à notre avis, du système employé à notre égard. En effet, le but poursuivi est d'éloigner la crainte qu'on avait de voir le juge, sans cesse spectateur du crime et accoutumé à voir l'humanité sous un jour sombre, arriver à considérer comme coupable tout accusé amené devant lui.

Eh bien, cette crainte, ne l'avons-nous pas, nous, dans le colon qui ne voit dans l'arabe que voleur, assassin et bandit ?

Nous croyons donc de toute humanité de réformer la constitution actuelle du jury, en ce qui nous concerne, et sans formuler aucune proposition à ce sujet, ce qui, d'ailleurs, n'est pas de notre compétence, nous laissons à la commission d'étude le soin de trouver la base d'une nouvelle organisation juste et rationnelle.

CHAPITRE IX

Il résulte de tout ce qui a été exposé que nous
sommes loin d'être ce qu'on veut nous faire passer
en France, c'est-à-dire heureux, libres, contents et
ne manquant de rien ; mais bien au contraire, nous
sommes gênés, contraints et dépourvus de tout.
Nous sommes frappés, humiliés, maltraités devant
nos femmes qui ne sont pas respectées elles-mêmes.
Les administrateurs font de nous leurs jouets, les
autorités locales sont dures à notre égard et quand
nous nous plaignons, on nous répond par un em-
prisonnement ou une amende. Nos terres sont
séquestrées ou expropriées et nos biens vendus à
la moindre hésitation de payer les impôts sous le
poids desquels nous plions sans jamais pouvoir nous
redresser. Notre justice expéditive et peu coûteuse
est changée et remplacée par une procédure longue

et onéreuse. Nos Conseillers jouent un rôle effacé dans les assemblées où ils siègent, nos frères sont jugés par des hommes intéressés à leur extermination et pour comble, la représentation algérienne nous est foncièrement hostile.

Donc, dire que l'Indigène est heureux et libre, c'est plus que mentir, c'est faire voir qu'on est sans conscience.

Soutenir qu'il est content et qu'il ne manque de rien, c'est pousser le sophisme jusqu'à prétendre qu'un condamné à mort est joyeux et satisfait de son sort.

En terminant, nous nous résumons dans une requête que nous présentons respectueusement à MM. les membres de la commission d'étude, nous demandons :

1° Une juste et équitable répartition d'impôts ;

2° Abolition des lois d'exception sur l'indigénat et la responsabilité collective ;

3° Modification de la loi du 30 septembre 1878 en faveur des indigènes.

4° Une représentation libre, issue du suffrage universel et proportionnel à nos intérêts, aux Conseils généraux, supérieurs du Gouvernement, à la Chambre et au Sénat ;

5· Modification de la constitution du jury appelé à nous juger et introduction de membres indigènes ;

6° Restitution aux cadis des pouvoirs qui leur ont été retirés ;

7° Multiplication des écoles parmi nous et organisation de l'enseignement de l'arabe.

Tels sont, Messieurs les sénateurs, les réformes que nous serons désireux voir s'accomplir.

Et, puisque vous connaissez ce dont nous souffrons, puisque notre situation uniquement grave a soulevé votre indignattion légitime. puisque, enfin, vous avez résolu de procéder à notre sauvetage, seriez-vous notre planche de salut ? Grande est notre confiance en vous.

FIN

Constantine. Impr. G. Helm.